A. CHASSANG

INSPECTEUR GÉNÉRAL DE L'INSTRUCTION PUBLIQUE

1827-1888

DISCOURS

PRONONCÉS AUX FUNÉRAILLES

DE

M. A. CHASSANG

Inspecteur général de l'Instruction publique

AU CIMETIÈRE MONTPARNASSE

LE 10 MARS 1888

DISCOURS

DE

M. GLACHANT

INSPECTEUR GÉNÉRAL

Je ne viens pas seulement, au nom de l'inspection générale, dire un dernier adieu à celui qui fut notre honoré collègue et notre ami ; ma destinée, plus conforme encore à la sienne, ajoute à mon regret un caractère particulier. Dès l'enfance, et pendant cinquante ans, au collège Charlemagne, à l'École normale, comme dans les fonctions de l'enseignement et de l'administration, nous avons marché du même pas, côte à côte, et le premier de nous deux qui devait arriver à ce terme suprême ne pouvait guère avoir que l'autre pour témoin de sa vie. Celle de Chassang fut toute de travail et d'affection. Son âme était sincère, son caractère droit, sa conscience délicate; il était esclave du devoir; mais la cordialité faisait le charme de son commerce et, dans son humeur franche et communicative, on sentait le contraire de l'égoïsme, cet oubli de soi qui peut aller jusqu'au dévouement.

Je laisse au plus autorisé des juges le soin d'apprécier ses travaux qui furent importants et continus. Il avait débuté par une *Histoire du roman grec*, qui se lit avec tout l'intérêt d'un roman; mais déjà l'on parlait beaucoup de réformer les études classiques; dans cet ordre d'idées, il s'attacha à quelque chose de pratique et de défini. Un des premiers, le premier peut-être, il entreprit de vulgariser parmi nous les principes et les résultats les plus sûrs de la grammaire comparée, dépouillés des fermentations allemandes. Dès ce moment, je me fis son disciple, et, dirigé par lui, j'appliquai sa méthode à l'éducation de mes fils. Elle a, depuis, gagné toutes les chaires où l'on enseigne le grec; elle a suscité de fructueux efforts et amené comme une renaissance de ces belles études dont il disait lui-même, avec un accent patriotique : « Dans le domaine des arts et de la littérature, la Grèce a toujours porté bonheur à la France. C'est à la Grèce que nous devons nos plus belles œuvres et l'inspiration de nos plus nobles génies (1). »

Ce rôle d'helléniste militant, il le remplit durant

1) *Annuaire de l'Association pour l'encouragement des études grecques,* 878, p. LVII.

quinze années, soit comme membre, et bientôt président,
du jury de l'agrégation de grammaire, soit au cours de
cette existence nomade qui fait de nous les champions
d'une pédagogie autre que celle des théoriciens séden-
taires. Dans cet apostolat, Chassang prit chaque jour
plus d'empire sur les esprits et sur les volontés. J'ai dit
qu'il était bon entre les meilleurs; son affabilité assurait
son influence; il savait modérer les natures impatientes,
encourager les vocations molles, prévenir les désertions,
faciliter les carrières, assurer les avenirs, et toute sa sol-
licitude avait pour objet le meilleur recrutement possible
et le perfectionnement du corps enseignant. Ce n'est pas
en effet avec des articles de règlement ou de journaux,
avec des superstitions de méthode, vieilles ou nouvelles,
qu'on forme des maîtres capables de former à leur tour
la jeunesse; c'est par l'action, par l'instance, par le con-
seil, j'allais dire par la prédication, qu'on peut mainte-
nir dans un corps tel que le nôtre ce qu'on appelle son
esprit. Chassang croyait de son devoir de ne se soustraire
à personne; il recevait à portes ouvertes; il donnait au-
dience à toute heure, en tout lieu, dans la rue, comme
Socrate. Sa correspondance était infinie; il communi-
quait à chacun sa note, en développait les motifs et les
faisait approuver par l'intéressé lui-même comme par
l'administration. Ils sont nombreux, ceux qui, à l'heure
présente, regrettent moins en lui le directeur d'études
que le conseiller intime et l'avocat officieux. Ces mé-
rites sont grands, ces services sont considérables, si
modeste qu'ait voulu être celui qui les a rendus; l'Université s'en souviendra.

Maintenant, il est entré dans le repos, après quelles

souffrances, vous ne l'ignorez pas. Qu'il nous soit permis d'adresser à sa veuve désolée, à sa fille si tendrement chérie, à tous ceux dont nous partageons le deuil, une parole de soulagement. La Mort remet toute chose à sa place ; elle rend à l'esprit sa liberté.

DISCOURS

DE

M. JULES GIRARD

MEMBRE DE L'INSTITUT

MESSIEURS,

Je viens, au nom de l'Association pour l'encouragement des études grecques en France, rendre hommage à un de ses plus anciens membres, à un de ses présidents. Vous n'ignorez pas quels titres particuliers, après avoir fait inscrire le nom de Chassang sur la liste des fondateurs, le désignèrent aussitôt pour remplir dans le comité les fonctions de secrétaire et de rapporteur, puis, quelques années après, pour présider aux délibérations et aux actes de l'Association. Dès l'École normale, où il était au premier rang, ses fortes études classiques, sans le confiner dans le domaine de l'antiquité, l'avaient classé parmi les futurs hellénistes. Onze ans après en être sorti, il y était chargé, en 1860, d'une conférence de langue et de littérature grecques. A partir de ce moment, pendant une longue suite d'années, il consacra tout l'effort d'un immense travail aux études dont la direction lui était confiée, avec un succès égal auprès de ses élèves et auprès du public.

En 1861, après avoir remporté le prix dans un concours de l'Académie des inscriptions et belles-lettres, il publiait le mémoire couronné : c'est le livre sur l'histoire du roman dans l'antiquité grecque et latine. L'année suivante paraissait sa traduction d'Apollonius de Tyane. En même temps, il écrivait sur divers sujets, sur le siècle de Périclès, sur les Alexandrins, sur les croyances des Grecs et des Romains touchant la destinée des âmes, sur le personnage d'Hélène, sur les conditions de la représentation scénique au théâtre de Dionysos, sur Pindare, une série d'études qu'il réunit depuis sous un titre général qui en exprime bien le caractère commun d'élévation : *Le spiritualisme et l'idéal dans l'art et la poésie des Grecs*. Tels étaient les travaux du critique, curieux de connaître les manifestations variées du génie grec et d'en apprécier, sous ses formes les plus diverses, la riche et changeante fécondité, mais désireux surtout de saisir le principe supérieur de l'art hellénique, celui qui l'a marqué d'un signe de souveraine noblesse.

Il n'y avait là cependant que la moindre part de la tâche à laquelle Chassang employait une infatigable activité. Le devoir de guider ses élèves dans la connaissance pratique de la langue grecque l'avait amené à en faire lui-même une étude très approfondie. Il voulut en posséder le vocabulaire, les formes, la syntaxe, et c'est ainsi qu'il fut conduit à composer son dictionnaire : labeur infini, plein de fatigues de toute nature, dont sa vaillance semblait aisément triompher, mais qui, sans doute, firent la première blessure à cette forte organi-

sation, si saine et si bien faite, en apparence, pour le
travail égal et sûr de lui-même. Au dictionnaire succéda
bientôt une grammaire grecque, que Chassang fit suivre
d'une grammaire latine et d'une grammaire française,
achevant ainsi de parcourir le cercle de la philologie
classique. Vous savez que le français fut la matière de
ses derniers travaux, dont ses belles éditions de *Vaugelas*, de *La Rochefoucauld*, de *La Bruyère* resteront
comme les monuments. On n'a pas oublié à l'École
normale qu'il y enseigna aussi la langue et la littérature
françaises.

Messieurs, l'École normale, dont je viens de répéter
le nom et que je dois représenter aussi en ce triste jour,
ne me pardonnerait pas, si je me bornais à rappeler les
souvenirs d'enseignement et de science que Chassang
y a laissés. Je tiens à le dire pour l'honneur de sa mémoire, moi qui ai vécu près de lui dans cette école pendant tant d'années, les succès de sa carrière scientifique
et administrative ont été le prix des qualités de l'homme
autant que des talents du maître. Si des modestes fonctions de surveillant, auxquelles l'avait d'abord condamné une affection du larynx, il s'est très vite élevé à
celles de professeur; si l'on s'est empressé de lui confier
des conférences de français et de grec, c'est sans doute
qu'on trouvait en lui des aptitudes toutes prêtes pour
ces tâches difficiles, mais c'est aussi que son caractère
inspirait une grande estime. On le savait aimé et respecté. Le jour où, donnant à ces sentiments leur consécration, un ministre vint lui remettre publiquement la
croix de la Légion d'honneur, toute l'École fit éclater
ses applaudissements; c'était elle qui, par la main du

chef de l'Université, lui décernait la récompense de sa bonté et de sa droiture. Il était, à ce moment, à la fois surveillant général et maître de conférences.

La droiture et la bonté, ce sont les derniers mots que je veux prononcer sur cette tombe. Chassang a été bon pour les siens et pour tous ; il a été d'une bonté vigilante et délicate pour une foule de jeunes gens et d'hommes dont il avait pris en main les intérêts universitaires ; sur tous il a exercé une bienveillante tutelle. C'est pour cela qu'il laisse de si nombreux amis ici et dans toute la France. Puisse la douleur de sa famille, que sa maladie a frappée en plein bonheur d'un coup si cruel et si imprévu, et dont le dévouement poussé jusqu'à l'imprudence n'a pu que prouver l'impuissance de l'affection, trouver un adoucissement dans cette pensée !

M. Mézières, de l'Académie française, absent de Paris, a envoyé au journal *le Temps*, la note suivante :

« Nous avons annoncé hier la mort de M. Chassang. L'Université perd en lui un de ses serviteurs les plus utiles et les plus dévoués. M. Chassang n'était pas seulement un lettré et un humaniste, l'auteur d'une 'grammaire et d'un dictionnaire estimés, le continuateur du grand travail de M. Bouillet, son oncle. Il avait occupé avec distinction des postes difficiles. Successivement maître de conférences à l'École normale supérieure, inspecteur de l'Académie de Paris, inspecteur général de l'enseignement secondaire, longtemps président de l'agrégation de grammaire, il laisse à tous ceux qui l'ont connu le souvenir du juge le plus équitable et le plus consciencieux.

« La droiture était le trait distinctif de cette honnête nature. Les professeurs dont il inspectait les classes, les candidats qu'il examinait, n'avaient à craindre de lui ni surprise ni dissimulation. Ils savaient tout de suite à quoi s'en tenir. La vérité leur était dite avec ménagements, avec tact, mais très nettement. Une longue expérience avait appris à M. Chassang qu'il n'y a rien de plus pénible pour les subordonnés que la diplomatie des chefs trop habiles. Assurément, il est cruel d'avoir de mauvaises notes, mais il est plus cruel encore de croire qu'on en a de bonnes sur la foi d'une parole aimable ou de banales habitudes de bienveillance.

« On pouvait sortir du cabinet de M. Chassang mécontent de soi, quelquefois même mécontent de lui. On n'en sortait jamais avec la crainte d'avoir été trompé ou abusé par de fausses espérances. Cette loyauté absolue établit l'unité morale d'une vie.

« Elle suppose la justice, elle n'exclut pas la bienveillance. M. Chassang était, en effet, plein de bonté. Le nombre des professeurs qu'il a aidés de ses conseils, soutenus de son autorité, défendus au besoin contre des reproches injustes, est très grand. Aussi ne voyait-on à ses funérailles que des visages attristés.

« Les vieux universitaires regrettaient en lui le plus sûr des amis, les jeunes sentaient qu'ils venaient de perdre un chef à la fois très sincère et très paternel, qui ne leur ménageait pas les avertissements, mais qui, dans les jours difficiles, avait couvert beaucoup d'entre eux. Quand un homme réunit autour de sa tombe de tels témoignages d'estime, on peut dire qu'il a bien rempli sa destinée.

Paris. — Typ. G. Chamerot, 19, rue des Saints-Pères. — 22576